Ein strahlendes Hallo!

Schön, dass du da bist! Du hältst gerade die erste Ausgabe meiner neuen Rezeptband-Reihe in Händen. Ich bin superstolz, dass ich mit dir meine liebsten Rezepte für den Thermomix® teilen darf. Schon seit 2015 koche ich mit dem „Thermi“ von Vorwerk und habe in dieser Zeit eine ganze Reihe von Gerichten kreiert – von trendigen Bowls über herzhafte Sattmacher wie Auflauf und Pasta bis hin zu knusprigen Broten und feinen Kuchen.

Übrigens: Nicht umsonst lautet mein Spitzname „RuckZuck-Manu“! Alle 33 Rezepte in diesem Magazin sind einfach nachzumachen und blitzschnell zubereitet. Dazu gibt's jede Menge praktische Tipps und Tricks. Also, schnapp dir deinen Thermomix® und leg los! Ich wünsche dir gutes Gelingen und natürlich einen guten Appetit.

Deine Manu

RuckZuck-Manu

REZEPTÜBERSICHT

FRÜHSTÜCK & AUFSTRICHE

SUPPEN

HAUPTGERICHTE

HAUPTGERICHTE

GETRÄNKE

SALATE

BROTE

BROTE

KUCHEN & DESSERTS

KUCHEN & DESSERTS

Ruckzuck vorgestellt

Bevor es mit den Rezepten losgeht, möchte ich mich dir kurz persönlich vorstellen. Mein Name ist Manu, ich bin 41 Jahre jung und lebe im schönen Unterallgäu. Vielleicht kennst du mich schon von meinem YouTube-Kanal. Unter meinem Spitznamen „RuckZuck-Manu" poste ich dort jeden Montag, Mittwoch und Freitag neue Videos. Über 70.000 Abonnenten sind dabei, wenn ich neue Rezepte für den Thermomix® vorstelle. Natürlich findest du mich auch auf Facebook und Instagram, wenn du Inspirationen für deinen TM5 oder TM6 suchst.

Eigentlich bin ich gelernte Verkäuferin und habe u.a. in einer Bäckerei gearbeitet. Inzwischen konzentriere ich mich voll auf meinen YouTube-Kanal und meine treue Community. Aber ich bin nicht allein: „RuckZuck-Manu" ist so etwas wie ein kleines Familienunternehmen. Mein Mann Robert, mein Sohn Marco und meine beste Freundin Maddy unterstützen mich tatkräftig. Vor allem Marco hilft mir sehr mit der ganzen Technik! Ohne ihn wäre ich echt aufgeschmissen. Filmen, Fotografieren und meine neuesten Kreationen testen - dank ihnen gibt es meine Marke. Übrigens: Ich koche jedes Gericht mehrmals, bevor ich das Rezept poste. Schließlich möchte ich sichergehen, dass du es problemlos nachmachen kannst.

Meine Familie und ich lieben die italienische Küche, deshalb findest du in diesem Büchlein auch mehrere Pasta-Rezepte. Außerdem verwende ich meinen Thermomix® gerne für lockeren Hefeteig. Ich finde, es gibt einfach keine bessere Art, um einen perfekten Hefeteig hinzubekommen! Und natürlich interessiert mich brennend, welche meiner Rezepte dir besonders gut gefallen. Hast du Wünsche, Kommentare oder Anregungen? Lass es mich gerne wissen! Du findest mich auf allen großen Social-Media-Plattformen. Oder schreib mir einfach eine Mail - ich freu mich über dein Feedback.

RuckZuck-Manu | ruckzuck_manu | RuckZuck-Manu | www.ruckzuck-manu.de

FRÜHSTÜCK & AUFSTRICHE

ERDBEER-BOWL

ZUTATEN: 500 g Quark · 300 g frische Erdbeeren · 50 g Ahornsirup · 1 TL Vanillezucker · 4 EL Haferflocken

1 Alle Zutaten zusammen in den Mixtopf geben und vermischen **(25 s/Stufe 4)**.

2 Masse in zwei Schüsseln füllen.

3 Obst (nach Wunsch) kleinschneiden und dekorativ auf die Quarkcreme legen - ich richte es gerne mit kleinen Marshmallows oder gehackten Mandeln an, wie du im Bild sehen kannst.

Tipp

Wer's (wie ich) süß mag, streut noch ein wenig geraspelte Schokolade und Mini-Marshmallows auf die Erdbeer-Bowl. Gehackte Nüsse und Trockenobst passen auch gut dazu.

FRÜHSTÜCKS-SMOOTHIE

ZUTATEN: 2 Mandarinen · 2 Orangen · 3 Karotten
1 reife Mango · 1 EL Zitronensaft · 250 g Wasser

1 Mandarinen, Orangen, Karotten und Mango schälen und grob zerkleinern.

2 Die Obststücke zusammen mit dem Zitronensaft und dem Wasser in den Mixtopf geben und gut pürieren **(40 s/ Stufe 9)**.

Tipp

Etwas süßer wird dein Frühstücks-Smoothie, wenn du zusätzlich 1 TL Honig oder Agavendicksaft in den Mixtopf gibst. Wenn im Sommer keine Orangen erhältlich sind, kannst du stattdessen etwas Melone zugeben.

SCHOKO-BANANEN-PORRIDGE

ZUTATEN: 300 g Milch · 60 g Haferflocken · 1 EL Backkakao
30 g Ahornsirup · 80 g Quark · 1 Banane

1 Zuerst folgende Zutaten vermischen: Milch, Haferflocken, Backkakao und Ahornsirup **(6 min/100 °C/Stufe 1).**

2 Anschließend die 80 g Quark hinzugeben **(15 s/Stufe 1).**

3 Nun die Banane in dünne Scheiben schneiden und die Hälfte mit dem Spatel unterrühren.

4 Je nach Geschmack mit den restlichen Bananenscheiben, den Haferflocken und frischen, aufgeschnittenen Früchten dekorieren.

Tipp

Wenn du eine Prise Zimt mit in den Mixtopf gibst, bekommt dein Porridge ein herrlich weihnachtliches Aroma!

CREMIGER KOCHKÄSE

ZUTATEN: 200 g Harzer Rolle (halbiert) · 200 g Butter · 70 g Schmelzkäse · 150 g Dosen/Kaffeemilch 10 % · 200 g saure Sahne · 1 TL Speisenatron · 2 TL Kreuzkümmel ganz

1 Du gibst den Harzer Käse in den Mixtopf **(5 s/Stufe 5)**.

2 Erst dann die Butter, den Schmelzkäse, die Kaffeemilch, die saure Sahne, Speisenatron und Kreuzkümmel dazugeben und mixen **(9 min/60 °C/Stufe 3,5)**.

3 In einer kleinen Schüssel anrichten – eventuell mit Schnittlauch bestreuen.

Tipp Besonders gut schmeckt dazu mein Gesundes Toastbrot von Seite 48. Guten Appetit!

MANGO-KOKOS-MARMELADE

ZUTATEN: 500 g Mango (frisch oder tiefgekühlt)
Abrieb einer halben Zitrone · 250 g Gelierzucker (2:1) · 1 P. Vanillezucker
Saft einer ½ Limette · 2 gehäufte EL Kokosraspeln

1 Schäle die Mango und gib das Fruchtfleisch in den Mixtopf **(20 s/Stufe 10)**.

2 Mango-Masse nach unten schieben.

3 Gib die restlichen Zutaten zu **(10 min/100 °C/Stufe 3,5)**.

4 Fülle die Masse anschließend in saubere Gläser mit Schraubverschluss.

SCHNITTLAUCHBLÜTEN-BUTTER

ZUTATEN: 8 Schnittlauchblüten · 250 g weiche Butter
½ Handvoll Schnittlauchröllchen · etwas Salz und Pfeffer

1 Alle Zutaten in den Mixtopf geben **(20 s/Stufe 6).**

2 Streiche die Butter auf ein Stück Backpapier und forme sie zu einer schönen Rolle.

Tipp

Du kannst natürlich auch andere Kräuter zu der Butter geben, zum Beispiel Petersilie, Rosmarin, Basilikum …

Gesundes Frühstück - aber wie?

Bei mir geht es morgens manchmal ganz schön hektisch zu. Bei dir auch? Vielleicht helfen dir meine Top-5-Tipps für ein gesundes Frühstück ohne Stress:

1. Bereite das Frühstück - falls möglich - schon am Vorabend zu. Oder richte die Zutaten soweit her, dass du sie nur noch in deinen Thermomix® geben und verrühren musst. Das spart Zeit (und Nerven)!

2. Vermeide Fertigprodukte wie Cornflakes, Frühstücksdrinks und Müsli-Mischungen. Darin steckt oft eine Menge Zucker! Bereite dein Frühstück lieber selbst zu und süße Bowls und Co. mit Honig oder Agavendicksaft.

3. Ich gebe es zu - ich bin ein Kaffee-Junkie! Doch nicht jeder verträgt den braunen Muntermacher. Wenn dir Kaffee auf den Magen schlägt, ist Matcha eine tolle Alternative: Das grüne Pulver enthält Teein, einen Stoff, der zwar langsamer, aber auch nachhaltiger wirkt als Koffein.

4. Wie wäre es mit einem warmen Frühstück? Porridge oder auch leckere Süppchen müssen von deinem Organismus nicht erst mühsam auf Körpertemperatur gebracht werden, um verdaut zu werden - dadurch gelangen die Nährstoffe schneller ins Blut!

5. Am Wochenende darf es gerne mal etwas Besonderes sein: Verwöhne deine Lieben mit selbstgebackenem Brot, frischen Aufstrichen aus dem Thermomix® und mehr!

SUPPEN

KARTOFFEL-BOHNEN-EINTOPF

ZUTATEN: 1 Zwiebel (halbiert) • 1 Knoblauchzehe
300 g Karotten (in Stücken) • 50 g Butter • 400 g Kartoffeln (mundgerechte Stücke) • 400 g tiefgefrorene Bohnen • 600 g Wasser
1 TL Bohnenkraut • 4 TL Gemüsebrühe • etwas Salz und Pfeffer

1 Zwiebel, Knoblauch und Karotten schälen und in den Mixtopf geben **(5 s/Stufe 5).**

2 Butter dazugeben **(5 min/Varoma/Stufe 1).**

3 Kartoffeln, Bohnen, Wasser, Bohnenkraut, Gemüsebrühe, Salz und Pfeffer dazugeben **(20 min/100 °C/LL/Stufe 0,5).**

Tipp

Schmeckt aufgewärmt fast noch besser.

So schmeckt der Herbst!

KÜRBIS-KOKOS-SUPPE

ZUTATEN: 1 Zwiebel (halbiert)
1 Knoblauchzehe • 1 Stück Ingwer (walnussgroß) • 30 g Butter
600 g Hokkaido-Kürbis (in Stücken)
400 g Kokosmilch • 100 g Wasser
1 TL Paprika edelsüß • 1 TL Currypulver
½ TL Salz • etwas Pfeffer
2 TL Gemüsebrühe

1 Zwiebel und Knoblauch schälen, zusammen mit dem Ingwer in den Mixtopf geben **(4 s/Stufe 5).**

2 Butter dazugeben **(2,5 min/100 °C/Stufe 1).**

3 Kürbis dazugeben **(6 s/Stufe 6).**

4 Kokosmilch, Wasser, Paprika edelsüß, Currypulver, Salz, Pfeffer, Gemüsebrühe zugeben **(10 min/100 °C/Stufe 2).**

5 Dann pürieren **(10 s/ansteigend von 5–9).**

Tipp

Der Hokkaido-Kürbis muss nicht geschält werden.

ZUCCHINI-CREMESUPPE

ZUTATEN: 1 Zwiebel (halbiert) · 1 Knoblauchzehe
50 g Butter · 600 g Zucchini (in Stücken) · 500 g Wasser · 50 g Mehl
2 TL Gemüsebrühe · 1 TL Salz · 1 Prise Pfeffer · 1 Prise Muskatnuss
100 g Sahne · 2 EL Kräuterschmelzkäse

1 Zwiebel und Knoblauchzehe schälen, in den Mixtopf geben **(3 s/Stufe 5)**.

2 Butter dazugeben **(3 min/100 °C/Stufe 2)**.

3 Zucchini dazugeben **(3 s/Stufe 5)**.

4 Dann Wasser **(3,5 min/100 °C/Stufe 2)**, Mehl, Gemüsebrühe, Salz, Pfeffer und Muskatnuss zugeben **(10 min/100 °C/Stufe 2)**.

5 Anschließend pürieren **(30 s/Stufe 6)**.

6 Sahne und Kräuterschmelzkäse untermischen **(4 min/90 °C/Stufe 2)**.

In der Suppenküche

Ob als Vorspeise für ein mehrgängiges Menü oder als eigenständige Mahlzeit: Suppen sind einfach eine feine Sache. Und mit meinen Tipps gelingen sie dir garantiert!

1. Um eine köstliche Suppe zu zaubern, brauchst du weder Brühwürfel noch Suppenpulver: Mit deinem Thermomix® machst du aus Karotten, Sellerie, Lauch, Petersilie und Liebstöckel ruckzuck einen aromatischen Suppengrundstock.

2. Suppen lassen sich super auf Vorrat kochen und einfrieren. Einfach portionsweise in Gefrierbeutel oder Frischhaltedosen geben und ab ins Eisfach damit.

3. Selbstgemachte klare Brühe oder Fond kannst du in Eiswürfelbehälter füllen und ebenfalls einfrieren. Mit den würzigen Würfelchen kannst du bei Bedarf Saucen abschmecken und Eintöpfe aufpeppen.

4. Du willst deine Suppe verfeinern? Piment, Lorbeerblätter, Muskatnuss und Ingwer sind tolle Gewürze für mehr Geschmack. Aber auch ein Schuss Zitronensaft oder (Kokos-)Milch wirkt manchmal Wunder!

5. Willst du deine Suppe andicken, kannst du entweder das enthaltene Gemüse pürieren oder etwas Mehlschwitze hineinrühren.

HAUPT-GERICHTE

KARTOFFEL-ZUCCHINI-PUFFER

ZUTATEN: 300 g Kartoffel (in Stücken) • 300 g Zucchini (in Stücken) 100 g Zwiebel (halbiert) • 2 Eier • 160 g Mehl • 2 TL Salz • etwas Pfeffer

1 Alle Zutaten in den Mixtopf geben **(7 s/Stufe 6).**

2 Etwas Öl in einer Pfanne erhitzen, kleine Häufchen der Gemüsemasse hineingeben und ausbacken.

Tipp

Zu den Kartoffel-Zucchini-Puffern passt zum Beispiel ein frischer Salat mit einem Klecks Sour Cream. Ebenfalls lecker dazu: eine feurige Tomaten-Salsa!

GEFÜLLTE ZUCCHINI

ZUTATEN: 6 mittelgroße Zucchini
1 Zwiebel (halbiert) • 1 Knoblauchzehe
1 gelbe Paprika (in Stücken)
1 rote Paprika (in Stücken)
150 g Feta • 500 g Hackfleisch
1 TL Paprika edelsüß • Salz und Pfeffer

1 Zucchini halbieren und aushöhlen.

2 Zwiebel, Knoblauch, gelbe Paprika, rote Paprika, ausgehöhltes Zucchini-Fruchtfleisch und Feta zugeben **(5 s/ Stufe 5)**.

3 Hackfleisch, Paprika edelsüß (Salz und Pfeffer nach Geschmack) in den Mixtopf geben **(1,5 min/ Teigknetstufe)**.

4 Die Masse in die ausgehöhlten Zucchini geben und mit geriebenem Käse bestreuen.

5 Im Backofen bei 200 °C Ober-/Unterhitze ca. 50 Minuten goldbraun backen.

Eine Spezialität aus
meiner schwäbischen
Heimat!

MAULTASCHEN-AUFLAUF

ZUTATEN: 8 Maultaschen (800 g)
600 g gefrorenes Gemüse • 1 Zwiebel
2 Knoblauchzehen • etwas Öl • 3 Eier
200 g Sahne • ½ TL Salz • etwas Pfeffer
200 g geriebener Käse

1 8 Maultaschen (800 g) in Streifen in eine Auflaufform geben.

2 600 g gefrorenes Gemüse darauf verteilen.

3 Zwiebel und Knoblauchzehen schälen, in den Mixtopf geben **(3 s/Stufe 5).**

4 Etwas Öl dazugeben **(3 min/Varoma/Stufe 1).**

5 Eier, Sahne, Salz und Pfeffer dazugeben **(10 s/Stufe 4).**

6 Sauce über die Maultaschen geben und mit Käse bestreuen. Im Ofen bei 200 °C Ober-/Unterhitze ca. 30 Minuten knusprig backen.

RIGATONI AL MANU

ZUTATEN: 1 Zwiebel (halbiert) • 1 Knoblauchzehe • etwas Öl • 200 g Sahne • 400 g Milch 2 TL Gemüsebrühpulver • 1 TL Salz etwas Pfeffer • 200 g Sahneschmelzkäse 2 TL Tomatenmark • 500 g Rigatoni (gekocht) 200 g Schinken • 200 g Pilze

1 Zwiebel und Knoblauch schälen, in den Mixtopf geben **(3 s/Stufe 5)**.

2 Etwas Öl dazugeben **(3 min/Varoma/Stufe 1)**.

3 Sahne, Milch, Gemüsebrühpulver, Salz und Pfeffer zugeben **(5 min/100 °C/Stufe 2)**.

4 Sahneschmelzkäse und Tomatenmark zufügen **(10 s/Stufe 3)**.

5 Rigatoni (bissfest gekocht), Schinken (gewürfelt) und Pilze (geputzt und klein geschnitten) in einer Auflaufform vermischen und Sauce darübergießen.

6 Im Ofen bei 200 °C Ober-/Unterhitze ca. 30 Minuten goldgelb backen.

Herrlich cremig!

PARMESAN-RISOTTO MIT GARNELEN

ZUTATEN: 2 Zwiebeln (halbiert) 1 Knoblauchzehe · etwas Butter · 150 g Risottoreis · 80 g Weißwein · 250 g Wasser 2 TL Gemüsebrühpulver · 70 g Parmesan 200 g Garnelen · 100 g Rispentomaten frisches Basilikum · Salz und Pfeffer

1 Zwiebeln und Knoblauchzehe abziehen und in den Mixtopf geben **(3 s/Stufe 5)**.

2 Ewas Butter zufügen **(2,5 min/ 100 °C/Stufe 1)**.

3 150 g Risottoreis mit in den Topf geben **(3 min/100 °C/LL/Stufe 1)**.

4 Weißwein, Wasser, Gemüsebrühpulver zugeben **(15 min/100 °C/LL/Stufe 1)**.

5 70 g Parmesan mit dem Spatel unterheben.

6 In einer Pfanne die Garnelen mit den Rispentomaten, Basilikum, Salz und Pfeffer andünsten.

7 Die Garnelen auf das fertige Risotto geben und mit Parmesan und Basilikum anrichten.

Ruckzuck fertig!

SPAGHETTI NAPOLI

ZUTATEN: 800 g gehackte Tomaten aus der Dose • 2 Zwiebeln (halbiert) 2 Knoblauchzehen • 2 EL Olivenöl 1 EL Tomatenmark • 2 TL italienische Kräuter • 1 TL Salz • 1 TL Zucker etwas Pfeffer

1 Zwiebeln und Knoblauch abziehen und in den Mixtopf geben **(3 s/ Stufe 5)**.

2 Olivenöl und Tomatenmark zugeben **(4 min/Varoma/Stufe 2)**.

3 Tomaten, italienische Kräuter, Salz, Zucker und Pfeffer zufügen **(30 min/100 °C/Stufe 2)**.

Tipp

Diese feine Tomatensauce schmeckt natürlich nicht nur zu „al dente" gekochten Spaghetti. Probier sie auch mal zu Rigatoni, Fusilli oder Penne!

Pasta e basta!

Wie ich dir schon verraten habe, bin ich ein totaler Nudel-Freak. Damit Spaghetti, Rigatoni und Co. perfekt gelingen, teile ich hier meine Pasta-Geheimtipps mit dir.

1. Kochst du auch immer entweder viel zu viel oder zu wenig Nudeln? Dann kommt hier eine Faustregel für dich: Pro Person rechnet man mit 100 Gramm (trockener) Pasta!

2. Ins Wasser gehört kein Öl. Es würde nämlich die Oberfläche der Nudeln glitschig machen, sodass die Sauce nicht mehr richtig daran haftet. Und das wäre doch schade, oder?

3. Abschrecken ist noch so ein No-Go. Das kalte Wasser spült die Stärke von den Nudeln, was ebenfalls dafür sorgt, dass die Sauce schlechter haftet. Außerdem werden die Nudeln dadurch schneller kalt.

4. Eine Weisheit aus Italien lautet: Die Gäste warten auf die Nudeln, nicht umgekehrt. Soll heißen: Die Pasta wird möglichst kurzfristig zubereitet, damit sie schön frisch ist.

5. Welche Nudelform serviert man eigentlich zu welcher Sauce? Grundsätzlich gilt: Breite Nudeln wie Pappardelle passen zu deftigen Saucen mit Fleisch- oder Gemüsestückchen. Schmale Nudeln wie Spaghetti lieben flüssigere Saucen.

Nudeln gehen
einfach immer,
oder?

GETRÄNKE

PINKI LIKÖRCHEN

ZUTATEN: 250 g Himbeeren (frisch oder gefroren) · 1 P. Vanillezucker
180 g Zucker · 1 Ei · 200 g Sahne · 200 g Wodka

1 Frische Himbeeren verlesen und in den Mixtopf geben (**6 s/Stufe 8**).

2 Alles mit dem Spatel nach unten schieben.

3 Zucker, Ei, Sahne und Wodka zugeben (**6 s/Stufe 6**).

4 Danach alles kräftig verrühren (**8 min/70 °C/Stufe 3**).

5 Durch ein feines Sieb gießen und in Flaschen füllen.

Ruckzuck fertig!

ERDBEERSLUSH MIT BUMS

ZUTATEN: 150 g Eiswürfel
200 g tiefgekühlte Erdbeeren
125 g weißer Rum · 20 g Zitronensaft
1 P. Vanillezucker · 60 g brauner Zucker
60 g Wasser

1 Eiswürfel und Erdbeeren in den Mixtopf füllen **(10 s/Stufe 10)**.

2 Weißen Rum, Zitronensaft, Vanillezucker, braunen Zucker und Wasser zugeben **(9 s/Stufe 9)**.

Tipp

Fülle deinen Erdbeerslush in hübsche Cocktail-Gläser und dekoriere den Drink mit Strohhalmen, frischer Minze oder Zitronenmelisse und stecke eine frische Erdbeere an jedes Glas.

Was wäre ich ohne meine beste Freundin Maddy?!

Coole Getränke-Ideen

Wenn wir Gäste einladen, machen wir uns 1000 Gedanken um das Menü – und oft keinen einzigen um die Getränke. Schade, denn der Thermomix® ist auch ein toller Cocktailmixer!

1. Ein Aperitif stimmt dich und deine Gäste auf den Abend ein – zum Beispiel der beliebte Klassiker Kir Royal! Diese Kombi aus Champagner und (selbstgemachtem) Johannisbeerlikör musst du unbedingt probieren.

2. Es muss aber natürlich nicht immer etwas Alkoholisches sein. Nutze deinen Thermomix®, um frische Säfte zu zaubern. Wie wäre es zum Beispiel mit gesundem ACE-Saft oder einem bunten Fruchtcocktail?

3. Stilles oder sprudelndes Wasser kannst du mit Obst aufpeppen, beispielsweise mit Limettenscheiben, Himbeeren oder Apfelstücken. Einige Blätter Basilikum oder Minze passen auch gut – und fertig ist dein trendiges „Infused Water"!

4. Du fragst dich, welchen Wein du servieren sollst? Merk dir einfach folgende Regel: Heller Wein zu hellem Fleisch, dunkler Wein zu dunklem Fleisch!

5. Nach dem Essen kannst du einen Verdauungsschnaps anbieten, zum Beispiel einen Obstbrand, Magenbitter oder Weinbrand.

SALATE

BUNTER SALAT MIT SCHAFSKÄSE

ZUTATEN: 1 Paprika orange (in Stücken) · 1 Paprika gelb (in Stücken) ½ Salatgurke (in Stücken) · 2 Tomaten (halbiert) · 2 rote Zwiebeln (halbiert) 3 EL Öl · 3 EL weißen Balsamicoessig · 2 TL Honig · 2 TL Senf mittelscharf 1 TL Salz · etwas Pfeffer · ½ TL Zucker

1 Alle Zutaten in den Mixtopf geben **(5 s/Stufe 4).**

2 Schafskäse zerbröseln und darüber geben.

Tipp

Wenn du in Scheiben geschnittene schwarze Oliven und etwas getrockneten Oregano zugibst, verwandelt sich dieser Salat in einen griechischen Bauernsalat!

PAPRIKASALAT TO GO

ZUTATEN: 4 Paprika (geviertelt) · 1 Zwiebel · 25 g Öl · 25 g Essig
½ TL Zucker · Salz und Pfeffer · 1 TL Kräutersalz

Ruckzuck fertig!

1 Alle Zutaten in den Mixtopf geben **(6 s/Stufe 3,5)**.

2 Den Salat in saubere Gläser mit Schraubverschluss füllen und z.B. mit ins Büro oder zum Picknick nehmen.

Tipp

Schmeckt auch super lecker mit angerösteten Pinienkernen.

TORTELLINI-SALAT

ZUTATEN: 50 g Cashewkerne · 75 g Parmesan · 100 g Tomaten (in Öl eingelegt) 2 Knoblauchzehen · ½ Bund frisches Basilikum · 7 EL Öl (von den eingelegten Tomaten) · 4 EL weißen Balsamicoessig · 400 g Cocktailtomaten (halbiert) 80 g Oliven (in Ringen) · 200 g Mozzarella (in Stücken) · 800 g Tortellini (gekocht)

1 Cashewkerne mahlen (**5 s/Stufe 6**).

2 Gemahlene Cashewkerne beiseitestellen.

3 Parmesan schreddern (**10 s/Stufe 7**).

4 Zerkleinerten Parmesan beiseitestellen.

5 Tomaten und abgezogenen Knoblauch in den Mixtopf geben (**5 s/Stufe 10**).

6 Cashewkerne, Parmesan und Basilikum dazugeben (**8 s/Stufe 5**).

7 Öl und Balsamicoessig dazugeben (**30 s/Stufe 4**).

8 Tortellini, Cocktailtomaten, Oliven und Mozzarella mit dem Dressing in eine große Schüssel geben und vermengen.

Salate zum Verlieben

Egal, ob als Beilage oder als vollwertige Mahlzeit: Ich liebe knackige Salate. Was du beim Einkauf und bei der Zubereitung beachten solltest, erfährst du hier.

1. Abgepackter Tütensalat ist oft mit Keimen belastet und teurer als der gute alte Salatkopf. Greif also lieber zu frischem Salat und lass Kopfsalat, Kohl und Co. von deinem Thermomix® zerkleinern.

2. Grüner Salat hat gar nicht so viele Vitamine, wie du vielleicht denkst – vor allem im Winter. Für eine ausgewogene Mischung solltest du weitere Sorten wie Chicorée, Endivie und Radicchio in deinen Salat mischen oder Gemüse wie Tomaten, Paprika und Gurken zugeben.

3. Für einen echten Sattmacher kannst du eiweißhaltige Zutaten wie gegrillte Putenstreifen, Kichererbsen, Bohnen oder Mozzarella-Würfel in deinen Salat mischen.

4. Probier mal eine spannende Mischung aus bitteren und süßen Zutaten, zum Beispiel Feldsalat mit Orangenfilets, Rucola mit Erdbeeren oder Radicchio mit Feigen. Mmmhhh ...

5. Zu den beliebtesten Dressings gehört nach wie vor die klassische Vinaigrette. Aromatischen Essig kannst du ganz bequem in deinem Thermomix® herstellen und die Salatsauce nach Wunsch mit Honig, Ahornsirup oder frischen Kräutern verfeinern.

BROTE

GESUNDES TOASTBROT

ZUTATEN: 20 g Hefe · 15 g brauner Zucker
250 g Buttermilch · 1 ½ TL Salz
300 g Dinkelmehl Typ 630
200 g Dinkelmehl Typ 1050
50 g Butter · 50 g Naturjoghurt
1 EL Chiasamen · 1 EL Leinsamen
2 EL Sonnenblumenkerne · 1 EL Sesam
1 EL Kürbiskerne · 1 EL Essig

1 Hefe, braunen Zucker und Buttermilch in den Mixtopf geben **(3 min/37 °C/Stufe 2).**

2 Restliche Zutaten in den Mixtopf geben **(4 min/Teigknetstufe).**

3 Teig 1 Stunde gehen lassen.

4 3 Kugeln formen und in eine gefettete Kastenform geben.

5 Ofen vorheizen und bei 180 °C Ober-/Unterhitze 30 Minuten backen.

6 Zum Abkühlen das Toastbrot stürzen und in ein Geschirrtuch wickeln.

WEIZENKRUSTE

ZUTATEN: 430 g Wasser · 20 g Hefe · 20 g Honig · 600 g Weizenmehl Typ 405 · 120 g Weizenmehl Typ 1050 · 15 g Olivenöl · 15 g Salz

1 Wasser, Hefe und Honig in den Mixtopf geben **(2 min/37 °C/ Stufe 2).**

2 Mehl 405, Mehl 1050, Olivenöl und Salz dazugeben **(5 min/Teigknetstufe).**

3 Teig 1 Stunde gehen lassen, falten und einschneiden.

4 Den Brotlaib bei 230 °C Ober-/ Unterhitze ca. 1 Stunde backen. Den Ofen nicht vorheizen!

Tipp

Besonders knackig wird das Brot, wenn du Sonnenblumenkerne, Leinsaat oder Haferflocken unter den Teig rührst.

VOLLKORNBROT

ZUTATEN: 200 g Dinkelkörner · 500 g Wasser · 1 Würfel Hefe
300 g Dinkelmehl Typ 630 · 150 g Körnermix · 2 TL Salz · 2 EL Essig

1 Dinkelkörner mahlen **(30 s/Stufe 10)**.

2 Gemahlene Dinkelkörner beiseitestellen.

3 Wasser und Hefe in den Mixtopf geben **(2,5 min/37 °C/Stufe 1)**.

4 Dinkelmehl, gemahlene Dinkelkörner, Körnermix, Salz und Essig zugeben **(4 min/Kneten)**.

5 Kastenform einfetten, mit Haferflocken bestreuen, Teig einfüllen und ebenfalls mit Haferflocken bestreuen.

6 In den vorgeheizten Ofen geben und bei 200 °C Ober-/Unterhitze ca. 60 Minuten backen.

Tipp

Das Brot schmeckt auch noch nach ein paar Tagen wie frisch.

KÖRNER-BAGUETTE

ZUTATEN: 300 g Wasser · 20 g Hefe
450 g Mehl Typ 405 · 120 g Körnermischung
1,5 TL Salz

1 Wasser und Hefe in den Mixtopf geben **(3 min/37 °C/Stufe 1)**.

2 Mehl, Körnermischung und Salz zugeben **(3 min/Kneten)**.

3 Teig 1 Stunde gehen lassen.

4 3 Baguette formen, Körner darauf geben.

5 Den Ofen auf 240 °C vorheizen und das Baguette ca. 20 bis 25 Minuten bei Umluft backen – dabei auf den Backofenboden eine feuerfeste Schale mit Wasser stellen.

Tipp

Frisches Körnerbaguette ist ein toller Begleiter zu einer fruchtigen Tomatensuppe oder zu einer original französischen Zwiebelsuppe.

VOLLKORNBRÖTCHEN ÜBER NACHT

ZUTATEN: 50 g Roggenkörner · 50 g Dinkelkörner · 350 g Dinkelmehl Typ 630
10 g Hefe · 250 g Wasser · 10 g Öl · 1 ½ TL Salz · 1 TL Honig

1 Roggenkörner und Dinkelkörner in den Mixer geben **(35 s/Stufe 10)**.

2 Dinkelmehl, Hefe, Wasser, Salz und Honig für 2 Minuten kneten.

3 Teig zu einer Kugel formen und flach drücken, in 8 Tortenstücke teilen.

4 Teiglinge leicht befeuchten und in einer Körnermischung wälzen.

5 In eine mit Backpapier belegte Springform Haferflocken geben und die Teiglinge hineinlegen.

6 Mit Frischhaltefolie abdecken und über Nacht in den Kühlschrank stellen.

7 Morgens den Teig etwas temperieren lassen.

6 Anschließend mit einer feuerfesten Schale mit Wasser bei 250 °C Ober-/Unterhitze 10 Minuten und dann nochmal 220 °C für 10 Minuten backen.

Ohne Brot nix los!

Es ist ein offenes Geheimnis: Wir in Deutschland sind verrückt nach Brot. Ich selbst bin da keine Ausnahme. Deshalb hab ich mich mal in Sachen Backwaren für dich schlau gemacht.

1. Über 300 verschiedene Brotsorten gibt es in Deutschland, das Deutsche Brotinstitut geht sogar von 3.000 Sorten aus. Du kannst also jeden Tag eine andere Spezialität für dein Abendbrot wählen!

2. Etwa 59 Kilogramm Brot isst jeder Deutsche durchschnittlich pro Jahr. Zu den beliebtesten Sorten gehören Toastbrot, Roggenmischbrot, Vollkornbrot und Weizenmischbrot. Als besonders gesund gilt Vollkornbrot, da es jede Menge Ballaststoffe enthält, die unserer Verdauung gut tun.

3. Mehl wird nach Mineralstoffgehalt eingeteilt. Normales Weizenmehl trägt die Bezeichnung „Type 405“. Je höher diese Zahl ist, desto mehr Nährstoffe stecken darin. Dunkles Roggenmehl ist zum Beispiel mit „Type 1150“ gekennzeichnet.

4. Wenn du deinen Brotteig selbst herstellst, kannst du gesunde Körner oder Nüsse zufügen: Das sorgt für ordentlich Biss und noch mehr Geschmack.

5. Gewusst? Brot sollte bei Zimmertemperatur gelagert werden - am besten in einem Brotkasten aus Holz, der die Luft zirkulieren lässt. Das beugt (zumindest eine Zeit lang) Schimmel vor.

Was uns im Urlaub am meisten fehlt? Frisches Brot!

KUCHEN & DESSERTS

HAWAII-MUFFINS

ZUTATEN: 3 Eier · 120 g Zucker · 100 g Butter · 240 g Mehl 1 P. Backpulver · 130 g Milch · 1 Dose Ananas (340 ml)

1 Eier, Zucker und Butter verrühren **(1 min/Stufe 4)**.

2 Mehl, Backpulver und Milch dazugeben **(30 s/Stufe 3)**.

3 Die abgetropften Ananasstücke mit einem Rührlöffel vorsichtig unterheben.

4 Den Teig in Muffinförmchen füllen und bei 200 °C Ober-/Unterhitze 20 Minuten backen.

Tipp

Verwandle deine Muffins in trendige Cupcakes, indem du ihnen ein schickes Häubchen aus Frosting spendierst. Dazu einfach 100 g Puderzucker mit 100 g Butter und 100 g Frischkäse verrühren und die Masse mit einem Spritzbeutel spiralförmig auf die erkalteten Muffins auftragen.

Tolle Kombi aus luftigem Boden und sahniger Creme!

BIENENSTICH

ZUTATEN BODEN: 200 g Mehl
180 g Zucker · 1 P. Backpulver · 5 Eier
100 g Mandeln · 1 P. Vanillezucker
ZUTATEN CREME: 800 g Sahne
2 P. Vanille-Paradiescreme

1 Mehl, Zucker, Backpulver und Eier verrühren **(2 min/Stufe 4,5)**.

2 Mandeln und Vanillezucker darauf geben.

3 Rühreinsatz einsetzen.

4 Biskuitboden im Backofen bei 180 °C Ober-/Unterhitze 25 Minuten backen, Mixtopf spülen und mit der Creme fortfahren.

5 Sahne, Vanille-Paradiescreme **(30 s/Stufe 3)**.

6 Biskuit halbieren und füllen.

HIMBEERTRÄUMCHEN

ZUTATEN BODEN: 2 Eier · 100 g Zucker · 100 g Öl · 100 g Orangensaft
150 g Mehl · 2 EL Backkakao · ½ P. Backpulver
ZUTATEN FÜLLUNG: 3 Gläser Himbeeren · 3 P. roten Tortenguss
700 ml Himbeersaft

1 Alle Zutaten für den Boden in den Mixtopf geben.

2 Schmetterling einsetzen **(5 s/Stufe 4)**.

3 Den Teig in eine Springform geben und leicht andrücken.

4 Den Backofen auf 200 °C Ober-/Unterhitze vorheizen und den Boden ca. 15 Minuten backen.

5 Die Himbeeren abgießen und dabei den Saft auffangen.

6 3 Päckchen roten Tortenguss mit Himbeersaft nach Packungsanleitung kochen.

7 Himbeeren unterheben.

8 Tortenring um den abgekühlten Kuchenboden geben und Himbeerguss darauf verteilen.

9 Ca. 2 Stunden kühl stellen.

MARMORKUCHEN

ZUTATEN: 250 g Butter · 200 g Zucker · 4 Eier · 1 P. Vanillezucker · 500 g Mehl · 1 P. Backpulver · 200 g Sahne · 2 EL Kakao · 2 EL Milch

1 Butter, Zucker, Eier und Vanillezucker verrühren **(2 min/Stufe 4).**

2 Mehl, Backpulver und Sahne dazugeben **(1 min/Stufe 5).**

3 Die Hälfte des Teiges aus dem Mixtopf gießen und beiseitestellen.

4 Kakao und Milch zum Teigrest im Mixtopf geben **(10 s/Stufe 4).**

5 Beide Teige in eine Gugelhupfform geben, zuerst den hellen und dann den dunklen.

6 Eine Gabel spiralförmig durch beide Teige ziehen, damit die Marmorierung entsteht.

7 Den Kuchen in den vorgeheizten Ofen geben und bei 175 °C Umluft ca. 50 Minuten backen.

ERDBEER-DESSERT

ZUTATEN : 200 g Sahne · 1 P. Sahnesteif
250 g Mascarpone · 125 g Quark · 500 g Naturjoghurt · 50 g Zucker
500 g Erdbeeren · 7 TL Zucker

1 Sahne und Sahnesteif im Thermomix® schlagen, den Regler auf **Stufe 4** stellen und mit Sichtkontakt rühren bis die Sahne steif ist.

2 Mascarpone, Quark, Naturjoghurt und Zucker verrühren **(30 s/Stufe 4).**

3 Sahne mit Spatel unterheben und die Masse in Gläser geben.

4 Erdbeeren mit 7 TL Zucker pürieren **(10 s/Stufe 10).**

5 Das Erdbeerpüree anschließend erwärmen **(5 min/100 °C/Stufe 2)** und auf die Masse in den Gläsern geben.

FRECHE FRÜCHTCHEN

ZUTATEN: 500 g Magerquark · 250 g Mascarpone · 1 P. Vanillezucker 50 g Ahornsirup · 20 g Milch · 20 g Kokosraspeln · etwas Zitronenabrieb einen Schluck Zitronensaft · frisches Obst nach Belieben

1 Rühreinsatz in den Mixtopf einsetzen.

2 Alle Zutaten in den Mixtopf geben **(10 s/Stufe 4)**.

3 Die Creme abwechselnd mit klein geschnittenem Obst in Gläser füllen.

Tipp

Welches Obst kommt ins Glas? Das entscheidet allein dein Geschmack – und natürlich die Saison! Im Sommer schmecken Melone, Erdbeeren und entsteinte Kirschen, im Winter Orangenfilets oder Bananenscheiben.

WAFFELN CA. 10 STÜCK

ZUTATEN : 6 Eier · 120 g Butter · 150 g Zucker · 1 P. Vanillezucker · 250 g Sahne · 200 g Mehl

1 Eier trennen und das Eiweiß mit Rühreinsatz in Mixtopf geben **(3 min/Stufe 4).**

2 Umfüllen und den Eischnee beiseitestellen.

3 Eier, Butter, Zucker, Vanillezucker und Sahne verrühren **(1 min/Stufe 3).**

4 Mehl dazugeben **(30 s/Stufe 3).**

5 Eischnee mithilfe des Spatels unterheben **(20 s/Stufe 4).**

6 Den Teig portionsweise in einem Waffeleisen ausbacken.

NUTELLA-PUDDING

ZUTATEN: 500 g Milch · 100 g Nutella · 40 g Speisestärke · 25 g Zucker

1 Rühreinsatz einsetzen.

2 Alle Zutaten in den Mixtopf geben (**8 min/100 °C/Stufe 2**).

Ruckzuck fertig!

Tipp Du kannst natürlich auch jede andere Haselnusscreme verwenden – auch selbstgemachte aus dem Thermomix®! Verziere den Pudding zum Abschluss mit einem Sahnehäubchen und frischem Obst.

Traumhafte Desserts

Keine Frage: Das Dessert krönt jedes Menü und ist nicht nur bei Kindern beliebt. Von Pudding oder Mousse über fruchtige Süßspeisen bis hin zu leckerem Kuchen – Nachtisch muss einfach sein!

1. Nicht erst seit Instagram und Facebook wissen wir, dass das Auge mitisst. Es lohnt sich also, dein Dessert liebevoll anzurichten – zum Beispiel mit Minzblättchen, Schokosauce oder einem Klecks Sahne.

2. Ein toller Begleiter zu süßem Nachtisch ist auch exotisches Obst wie Physalis oder Sternfrucht. Sieht super aus und schmeckt auch noch sehr gut!

3. Desserts lassen sich optimal auf die Saison abstimmen: Im Frühling gibt's zum Beispiel eine leichte Joghurtcreme, im Sommer fruchtigen Erdbeerkuchen, im Herbst warmes Apple Crumble und im Winter aromatisches Spekulatius-Tiramisu.

4. Vegan, glutenfrei, zuckerreduziert: Mit deinem Thermomix® kannst du problemlos auf jeden Essenswunsch eingehen und für jeden das perfekte Dessert zaubern.

5. Sei vorsichtig mit Alkohol im Nachtisch: Nicht jeder mag oder verträgt das. Und für Kinder ist Hochprozentiges sowieso tabu.